世界非物質文化遺產系列叢書
World Non-Material Culture Heritage Collection

牛曉光中國結作品集
Xiaoguang Niu's Chinese Knots

世界名人俱樂部　著
World Celebrity Club

美商EHGBooks微出版公司
www.EHGBooks.com

EHG Books 公司出版
Amazon.com 總經銷
2018 年版權美國登記
未經授權不許翻印全文或部分
及翻譯為其他語言或文字
2018 年 EHGBooks 第一版

Copyright © 2018 by World Celebrity Club
Manufactured in United States
Permission required for reproduction,
or translation in whole or part.
Contact：info@EHGBooks.com

ISBN-13：978-1-62503-458-8

目錄

编者的话 5

为什么叫中国结？ 7

为什么喜欢中国结？ 7

为什么开展览会？ 7

起源与演变 8

旧石器　捆绑　记事　装饰 8

实用性－记事 9

装饰性　器具 9

春秋战国 10

结语 11

吉祥的"音结" 13

神灵之结 13

时尚之结 14

基础结 14

十字结 32

酢浆草结	32
纽扣结	38
盘长结	44
团锦结	50
藻井结	56
平结	60

编者的话

中国结是中华民族悠久的绳结技艺历史的代表，又符合中国传统服饰的习俗和中国人的审美，因此得名。中国结所显示的情致与智慧正是中华古老文明的一个侧面，从结网捕鱼，缝衣打结，到结绳记事，再到装饰衣裙、器具，绳结的应用相当广泛。它从最初的单一的实用工具，转化成基础的辅助装饰，最后发展成为近代的独立饰物。

中国结的编法繁多，用材广泛。除了各式线绳，还可以用纸条、布条，甚至粽叶等各种材质。中国结编法变化无穷，一根看似简单的绳子，经过或简或繁的编结，便可化身为各种各样的物品。每一个基本结都是以一根绳从头至尾编结而成，通过始终不断、顺理成章的穿梭、缠绕，编织成没有正反、左右对称、首尾相接、无始无终的结饰。因此中国结具有紧密的结体,用它来绑东西不容易松散,实用功能很强。

中国结大体可分为基本结，变化结和组合结三大类。它的编结技术除需熟练各种基础结的编结技巧外，还要了解各种结的特点，才能进行变化与组合，甚至是创新出新的结种。也因为它独有的东方神韵和神奇多样的变化，中国结征服了越来越多的人。如今它和中国的书画、雕刻、陶瓷一样，很容易被外国人士辨认出来。

中国结朴实无华,庄重典雅。人们又根据其形，意对其进行命名。吉祥结寓意吉祥如意，大吉大利。盘长结代表回环绵延，长命百岁。双钱结意指好事成双，财源茂盛。每种结都蕴含着真切的祝福和美好的祈愿。

中国结不仅造型优美，涵义丰富，而且是中华民族的一份宝贵文化遗产，在一定程度上体现了中华民族的精神内涵。作为宝贵民族文化遗产的一部分,希望中国结可以发扬光大,为人们的生活增添一份温馨与祝福,同时也为编结者带来一种喜悦与满足。

为什么叫中国结？

结指的是以绳打结。它是我们祖先采用的一种记录方式，大事大结，小事小结，以后逐渐演变成我们中国所特有的一种手工艺品，现在也是我们生活中比较常见的装饰品。中国结有很多图案，每种图案都有自己的名称和寓意，比如平安，幸福，吉祥如意。

为什么喜欢中国结？

喜欢中国结是受母亲的影响。我母亲经常会做一些手工，她会剪纸，编织，十字绣。记得小时侯每到端午节，她都会用五颜六色的细线，变成手链，给我戴在手腕上，告诉我可以辟邪，不得病。我觉得它很好看，也很喜欢，舍不得摘下。渐渐的我也会做一些手工，我最喜欢的就是中国结。开始只是觉得它很好玩，慢慢就变成了我的兴趣。拿一根绳子，安静地坐下来，花点时间，专心编出自己喜欢的图案，然后就很开心，也很享受这种从无到有的创作过程，还会有一种成就感。

为什么开展览会？

我之前做过翻译，接触过一些外国朋友，我发现他们对中国很感兴趣，所以我觉得有必要也有义务把我们的中国文化展现给大家。我们可以借助很多载体，中国结就是其中之一。我希望通过这次展览会能让更多的人认识中国结，喜欢中国结，进而更多的去了解我们的中国文化。

起源与演变

绳结是远古先民创造的一种记录方式，事大，大结其绳，事小，小结其绳，用以辅助记忆。远古。旧石器时代，出现了骨针，由此推断那时已经有了绳结，用于缝补衣物。战国时代，铜器上出现了绳结图案，绳结从有实用价值的实物上升到精神层面的宗教符号，因为绳，谐音为神，结，谐音为吉，所以绳结被视为与神沟通的媒介，用于祈福。绳结随后逐渐演变成为手工艺品，即中国结。它在唐宋兴起，在明清达到顶峰。由于材质的原因，它不易于保存，现存最早的中国结只是晚清的作品。现在中国结已经是我们生活中常见的装饰品。

旧石器　捆绑　记事　装饰

绳结的产生由来已久。在远古时期，原始人用草、藤、麻等材料，采用拧扭、交叉的方法用于穿系、捆扎果实及猎物，形成最原始的绳编。在两万年前北京周口店山顶洞人的遗迹中，发现有骨针和各种带孔的骨、贝类饰品，这表明旧石器时代晚期已出现绳线。当人们用绳线穿系骨、贝壳作为饰物及缝制衣物时，必然产生最原始的绳结。可以认为，绳结的历史几乎与人类文明的历史一样久远。

实用性－记事

绳结记事

上古绳结除简单的捆扎功用外，还有记载历史的文化功能。即是人们常常讨论的结绳记事。据《易·系辞》载："上古结绳而治，后世圣人易之以书目契。"东汉郑玄在《周易注》中道："结绳为约，事大，大结其绳，事小，小结其绳。"可见在远古的华夏土地，"结"被先民们赋予了"契"和"约"的法律表意功能，备受人们的尊重。同时它还有记载历史事件的作用，因此"结"亦是文字的前身。

装饰性　器具

除了捆绑功能和记事功能，绳结逐渐形成了具有审美内涵的饰物。尽管缺乏实物加以证实，具有装饰性的绳结却以其他形式保存下来。原始社会时期的陶器已经出现了绳结纹的装饰图案，表现出各种纠缠、穿插、扭转的姿态。

春秋战国

装饰性及实用性 服装 青铜 宗教 佩玉

绳结不仅用于器物的装饰，春秋战国时期，绳结也应用到服饰中，同时具有实用性和装饰性。古人着装习尚"宽衣博带"，要使衣服贴体、保暖，就得靠衣带扎系并要打结，形成一定形式的"束服之结"。在古人衣装上有束服及装饰之结，飘逸的带与美妙的结体现了中国古典服装美观与实用的统一。

用于祭祀的青铜器上也出现了绳结纹，这些图案不仅具有装饰作用，还被赋予了精神意义。又因绳，谐音为神，结，谐音为吉，所以绳结被视为与神沟通的媒介，用于祈福。此时的绳结已经从有实用价值的实物上升到精神层面的符号。

装饰性及实用性 挂件

中国人佩玉风尚久远，佩玉要借助绳带打结系牢，早在战国时期就已经形成较多样式的佩玉绳结，如单耳结。绳结除了起系扎、固定玉璜及玉环的作用外，更有陪衬和装饰的功效。这种装饰作用的绳结成为传统服装的重要组成部分，

唐宋是中国结发展的一个重要时期，中国结的使用更加广泛。唐代的印砖中出现了凤衔绶带绳结纹，唐代壁画描绘了妇女腰际垂挂的蝴蝶结，以及宋真宗李皇后画像中展现的悬挂在座椅上的成串结饰，说明中国结不仅仅是具有装饰作用的附属物，而且已经发展成为一种相对独立的装饰品。

中国结在唐宋时期兴起，至明清时期达到顶峰。清代的绳结式样繁多，造型优美，技法高超，绳结的地位已经从装饰品上升成为

艺术品。在曹雪芹著的红楼第三十五回提及了编结络子（绳结的应用之一），络子的用途和颜色的调配，以及式样名称。绳结在当时的使用非常普遍，如亲友间喜庆相赠的如意，件件都缀有错综复杂、变化多端的结子及流苏。日常所见的荷包、香囊、玉佩、扇坠、发簪、轿子、窗廉、帐钩、扇坠、笛箫、香袋、发簪、项坠子、眼镜袋、烟袋、明清旗袍上的"盘扣"及传世的以及书画挂轴下方的风镇等等日用物品上，也都编有美观的装饰结子。

近现代

民国以来，由于西方观念如科学技术大量输入，使我国原有的社会形态和生活方式产生重大的改变，再加上对于许多固有的文化遗产并未善加保存和传扬，以致许多实用价值不高，而制作费时费事的传统文化和技艺便告逐渐式微，甚至在不断朝现代化蜕变的社会中湮没。中国传统的编结技艺亦是如此。

随着现代人对中国传统文化的探讨与反思，绳结在上世纪80年代被发掘出来，并重新焕发青春，始称中国结。现在，中国结已摆脱简单的传承，更多地溶入了现代人对生活的理解，注重于它的装饰意味，并且加进许多现代的气息，使今天的人们更乐于品味欣赏。中国结饰品更是随着北京申奥的成功走红海内外，之成为现代设计重要的装饰应用元素。中国结已经成为现代人装饰环境、美化服饰、追慕中国古老文化的一种"情结"。

结语

中国结艺术是既古老又有巨大应用潜力的民族手工艺术。它是悠久的中国历史和优秀民族传统文化的象征。无论是绳结记事，还是应用于传统服饰的束衣之结，都向我们昭示着中国结使用之频繁，从而促使我们进一步去保护弘扬民族物质文化遗产。

含义

中国结由于年代久远,其历史贯穿于人类史始终,漫长的文化沉淀使得中国结渗透着中华民族特有的,纯粹的文化精髓,富含丰富的文化底蕴。"绳"与"神"谐音,中国文化在形成阶段,曾经崇拜过绳子。据文字记载:"女娲引绳在泥中,举以为人。"又因绳像蟠曲的蛇龙,中国人是龙的传人,龙神的形象,在史前时代,是用绳结的变化来体现的。

中国人在表达情爱方面往往采用委婉,隐晦的形式,"结"从而义不容辞的充当了男女相思相恋的信物,将那缕缕丝绳编制成结,赠与对方,万千情爱,绵绵思恋也都蕴含其中。

"结"字也是一个表示力量、和谐,充满情感的字眼,论是结合、结交、结缘、团结、结果,还是结发夫妻,永结同心,"结"给人都是一种团圆、亲密、温馨的美感。"结"与"吉"谐音,"吉"有着丰富多彩的内容,福、禄、寿、喜、财、安、康无一不属于吉的范畴。"吉"就是人类永恒的追求主题,"绳结"这种具有生命力的民间技艺也就自然作为中国传统文化的精髓,兴盛长远规划,流传至今。

吉祥的"音结"

中国结的取意如其他中国艺术般多利用自然形态、谐音而取其意，体现出人们追求真、善、美的良好的愿望。在新婚的帖钩上，装饰一个"盘长结"，寓意一对相爱的人永远相随相依，永不分离。在佩玉上装饰一个"如意结"，引申为称心如意，万事如意。在扇子上装饰一个"吉祥结"，代表大吉大利，吉人天相，祥瑞、美好。如用"吉字结"、"馨结"、"鱼结"结合就成为"吉庆有余"的结饰品，以"蝙蝠结"加上"金钱结"，可组成"福在眼前"等。以此类推又延出了"长寿安康"、"财物丰盛"、"团圆美满"、"幸福吉祥"、"喜庆欢乐"等祈福的内涵，被作为民间祝祷的符号，成为世代相传的吉祥饰物。

神灵之结

中国结中还有一类被认为是通神灵的法物，可达到驱邪避灾、镇凶纳吉、却阴护阳等功效，如"吉祥结"、"盘长结"等，这类"结"作为凝聚着神秘宗教观念的护身符，在民间得以广泛的应用，并形成传统。大年三十晚上，长辈用红丝绳穿上百枚铜钱作为压岁钱，以求孩子"长命百岁"，端午节用五彩丝线编制成绳，挂在小孩脖子上，用以避邪，称为"长命缕"。本命年里为了驱病除灾，用红绳扎于腰际。所有这些都是用"绳结"这种无声的语言来寄寓吉祥。

时尚之结

中国结的形式多为上下一致、左右对称、正反相同、首尾可以互相衔接的完整造型。一根数尺见长的彩绳通过绾、结、穿、缠、绕、编、抽等多种工艺技巧，严格地按照一定的章法循环有致、连绵不断地编制而成。如今巧手的人们看中它这种东方文化的巧妙神韵，把它重新定义为项链、手镯、耳坠、头饰、发夹等等诸如此类的服饰配件，发挥其作为典雅饰品的独立价值。

基础结

双钱结

钱币与国家的历史、文化、政治、经济向有密切关系，古今上下都被视为宝物称之为元宝。钱在中国不只代表为某种价值的货币，而且也是吉庆祥瑞的宝物，又每到农历除夕，小孩子都可领到所谓的"压岁钱"，因此，钱币对于中国人而言，应当还有除妖避邪的作用。双钱结又称金钱结或双金钱结，即是以两个古铜钱状相牵连而得名，象征"好事成双"。钱古时又称为泉与全同音可寓意为"双全"。

要领：

抽拉时不要太紧，使结留有空隙，才能显出结形优美的双钱结。

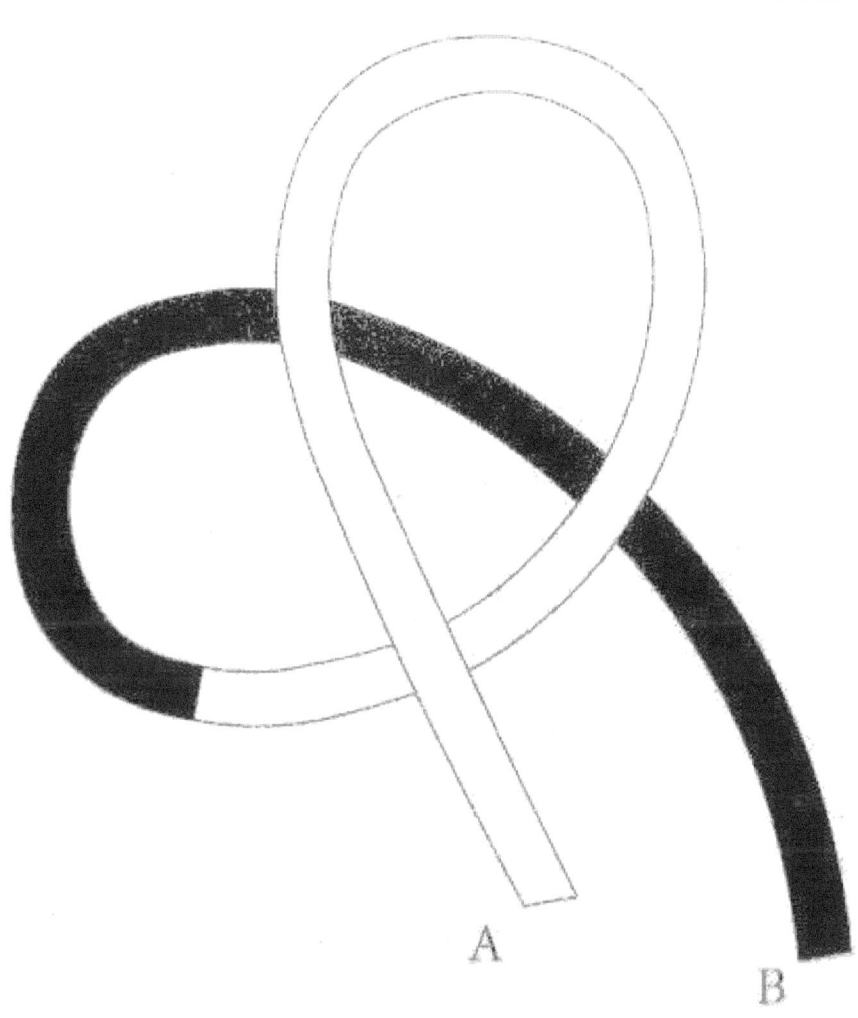

（1）

如图所示，B 端绕 A 端做环。

16 | 世界非物質文化遺產系列叢書

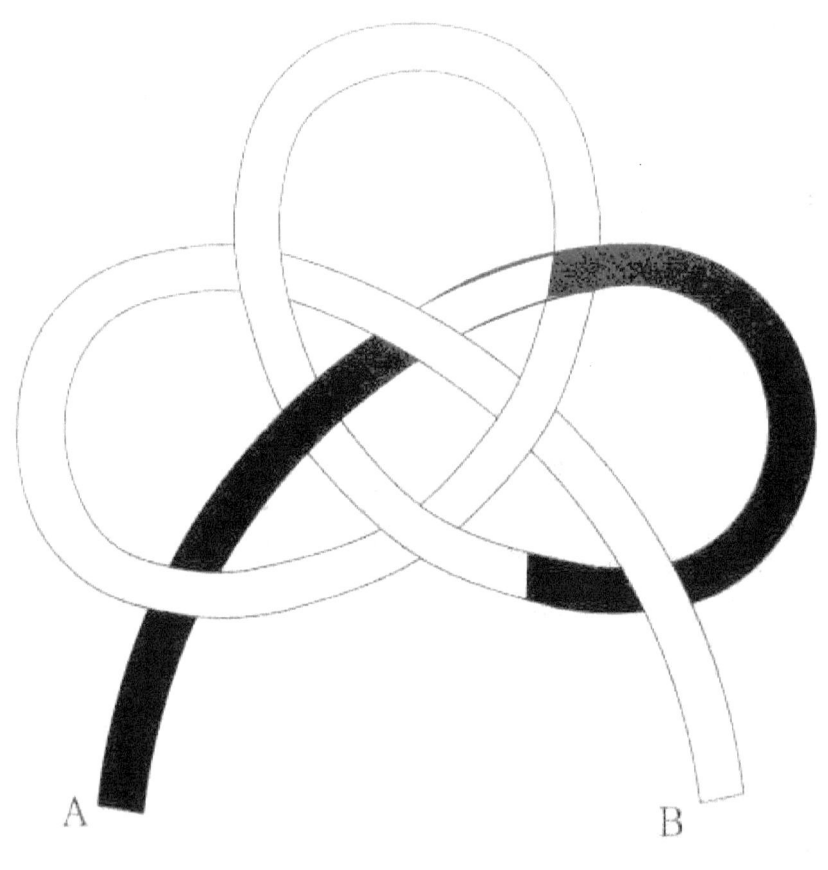

（2）

A 端按图做挑、压动作，穿出。

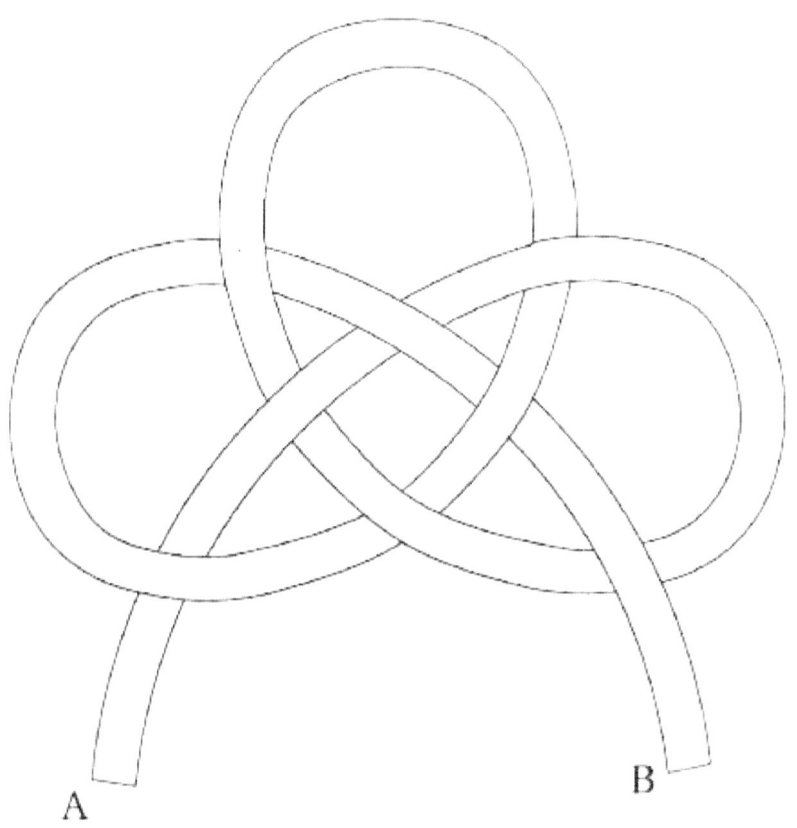

（3）

整形，拉紧。

18 | 世界非物質文化遺產系列叢書

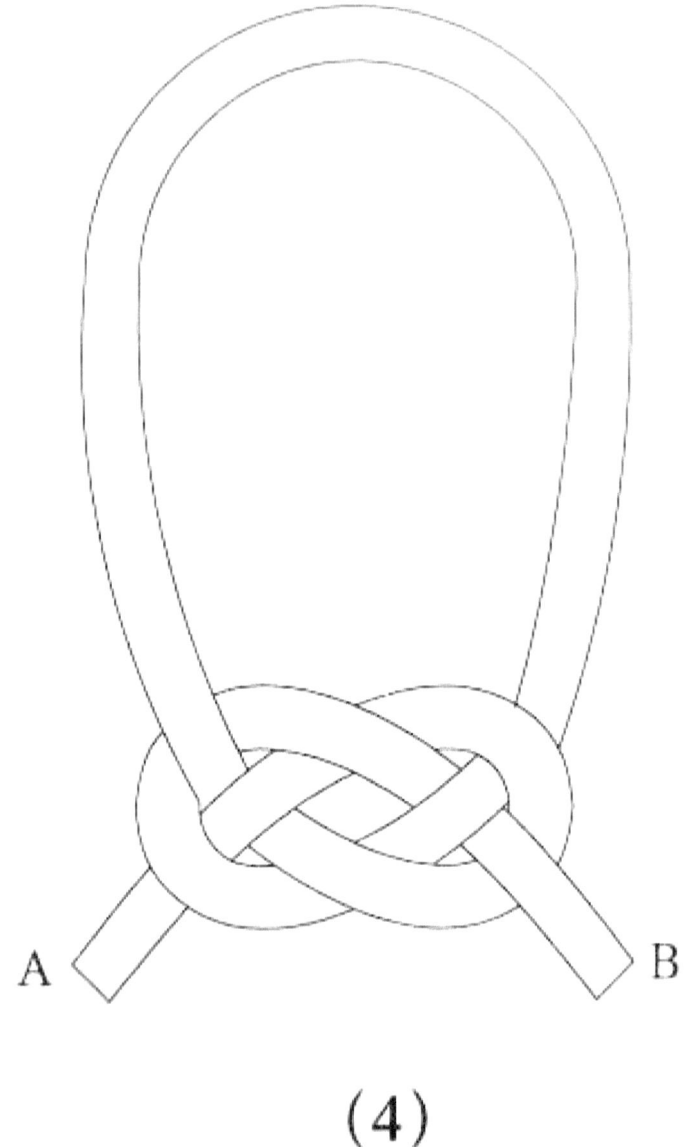

（4）

完成。

双联结

主线双联结"联",有连、合、接续不断之意。本结即是以两个单结相套连而成．取其牢固,不易松散,故名"双联"。联与连同音,在中国吉祥语中,可以引寓为连中三元,连年有余,连科及第等。　双联结是属于较实用的结,因为它的结形小巧,且最大的特点是不易松散,因此．常被用于编制结饰的开端或结尾,有时当为编项链或腰带的中间装饰结．也别有一番风味。

要领：

抽拉时两单结收紧的速度要一致,收紧后结形自然显露,可以省掉修正的功夫。

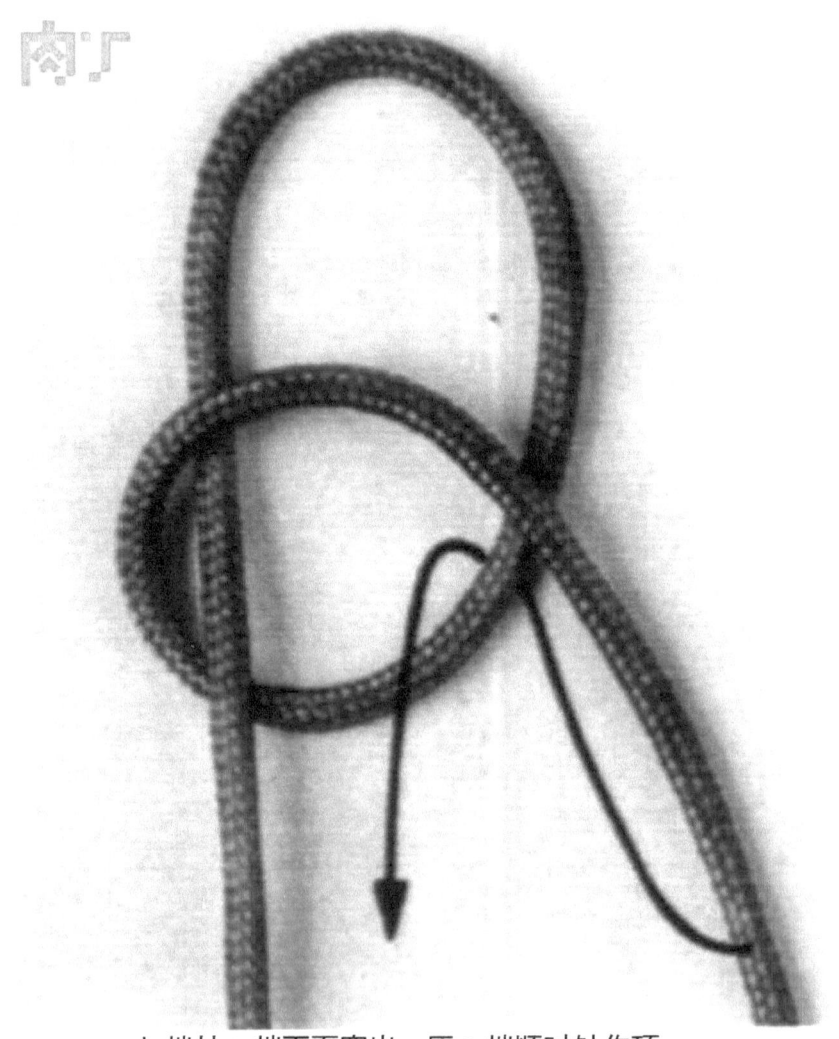

b端从a端下面穿出，压a端顺时针作环。

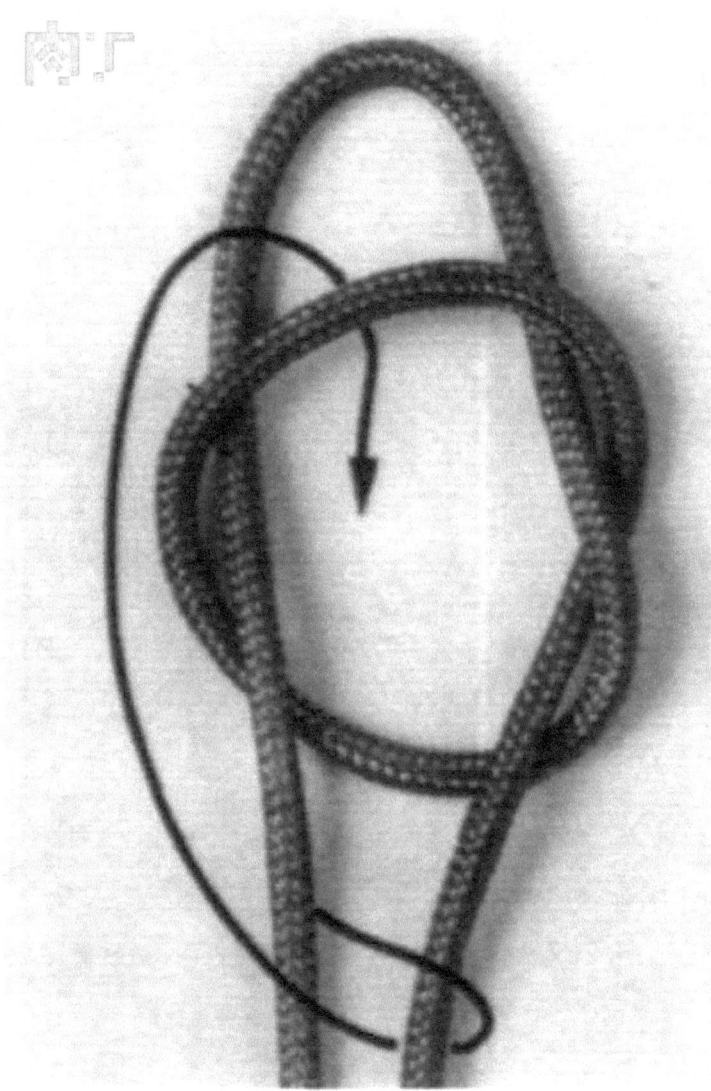

b 端从环中穿出。

世界非物質文化遺產系列叢書

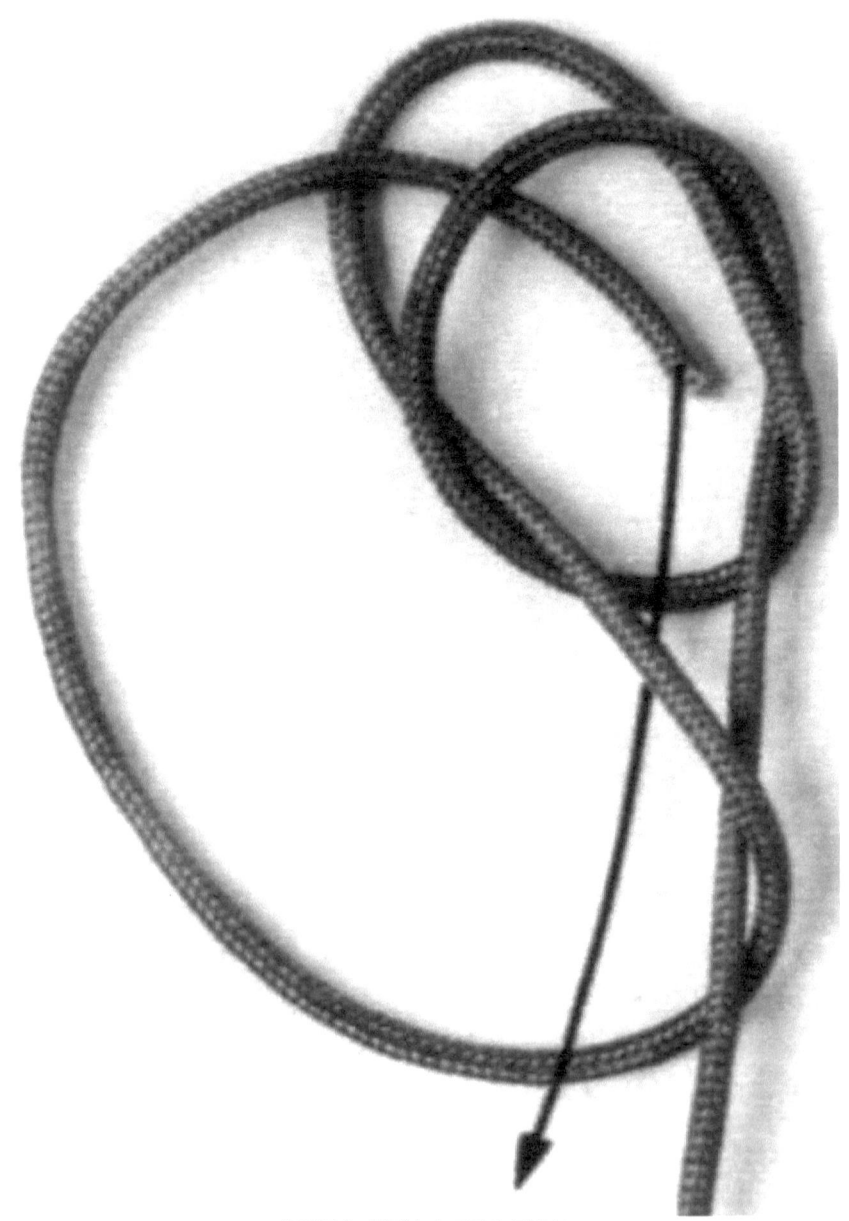

a 端調 b 端从上环中穿出。

牛曉光中國結作品集

再穿出下环。

世界非物質文化遺產系列叢書

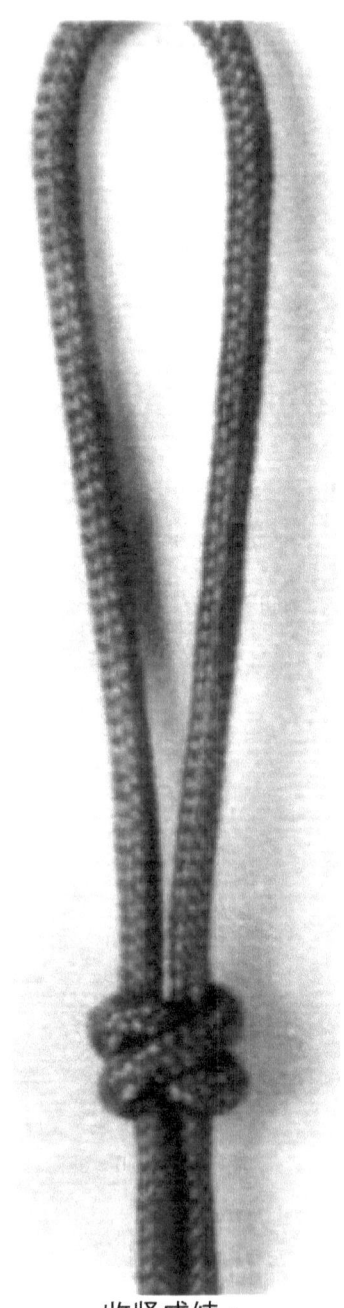

收紧成结。

万字结

"万"，象征着很大、众多的数目，如"日理万机"、"腰缠万贯"，同时也代表着绝对的意思，如"万无一失"。

"万"也常写作"卍"。"卍"原为梵文，为佛门圣地常见图记，在武则天长寿二年，被采用为汉字，其间读为"万"，被视为吉祥万福之意；如以"卍"字向四端纵横延伸互相连锁作为各种花纹，意味着永恒连绵不断，这就叫作"卍字锦"。

"万字结"常用来当做结饰的点缀，如编制吉祥饰物可大量使用，以寓"万事如意"、"福寿万代"。

卍

要领：

抽拉时用力均匀，同时抽拉。

此结容易变形，所以一定要抽紧。

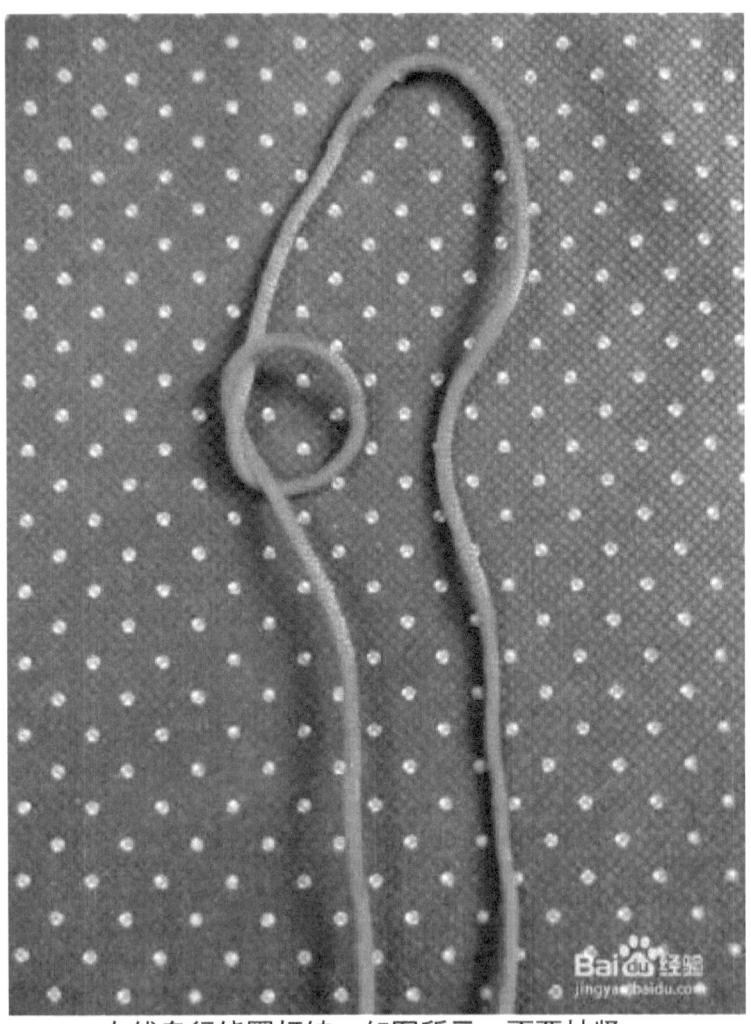

左线自行绕圈打结,如图所示,不要拉紧。

牛曉光中國結作品集

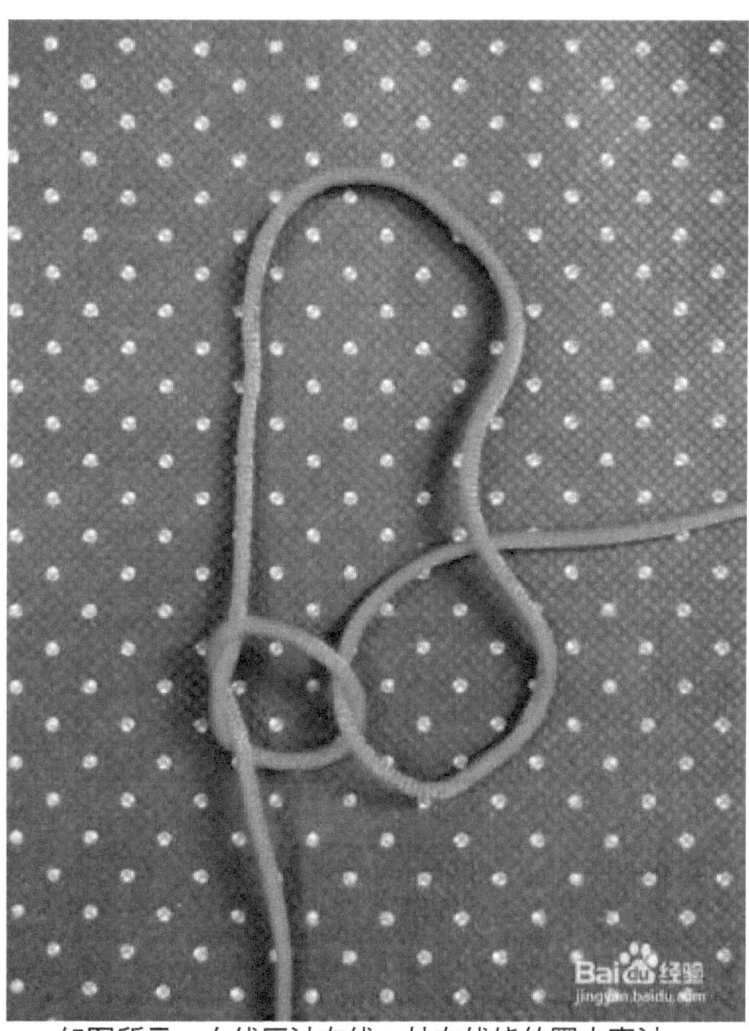

如图所示,右线压过左线,从左线绕的圈中穿过。

世界非物質文化遺產系列叢書

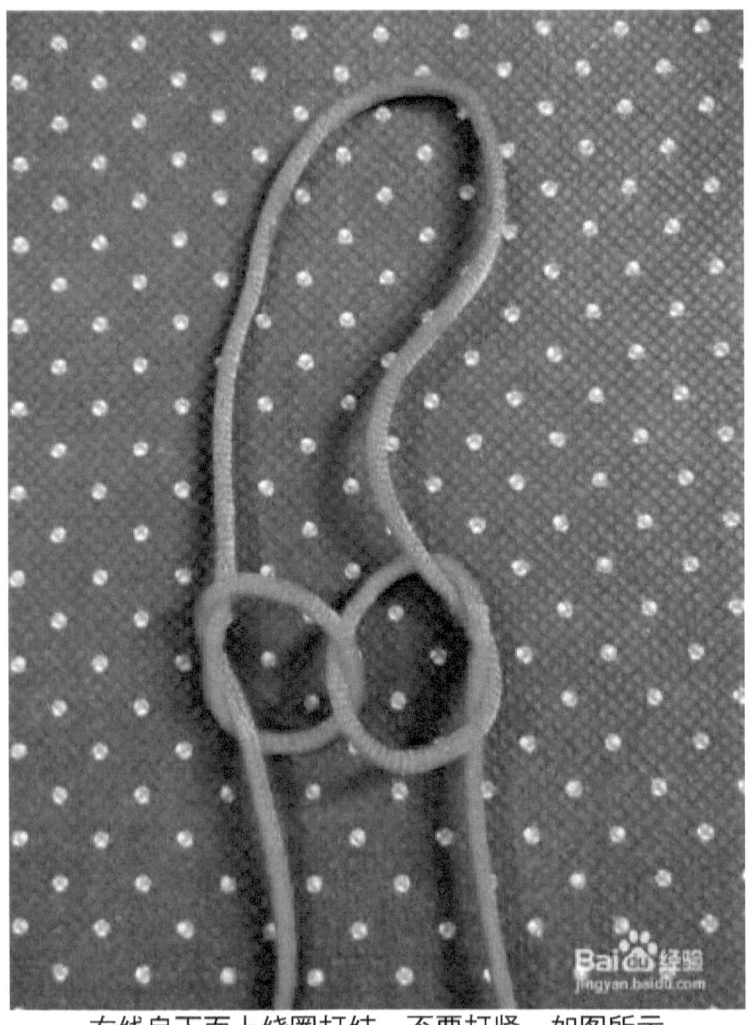

右线自下而上绕圈打结，不要打紧，如图所示

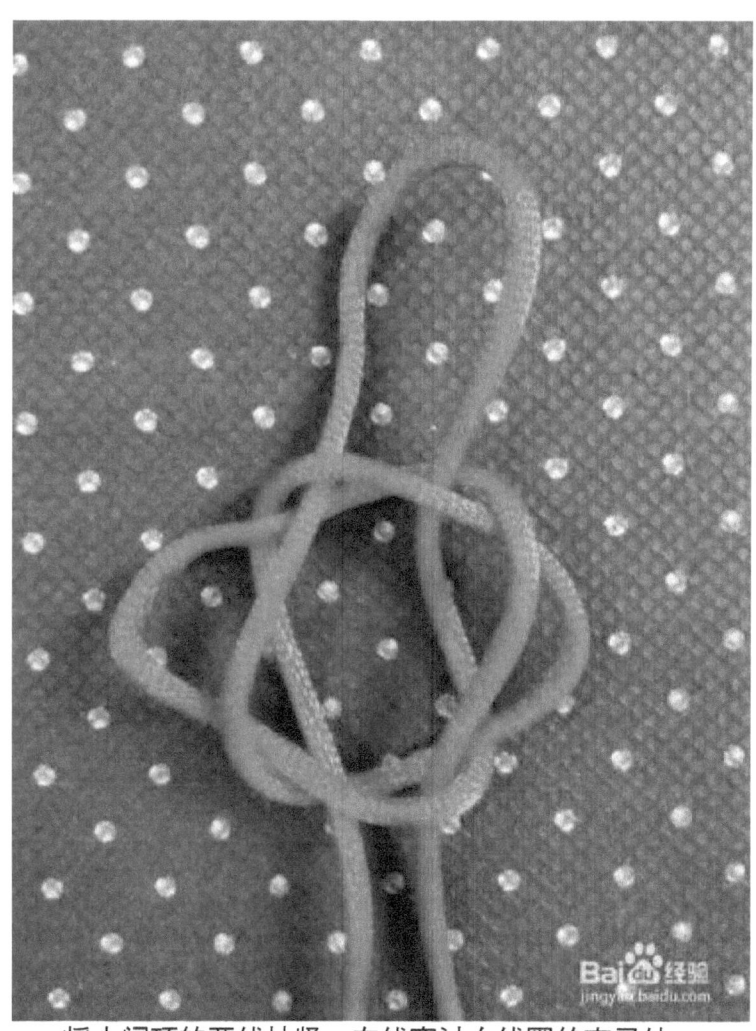

将中间环的两线拉紧,左线穿过右线圈的交叉处,右线穿过左线圈的交叉处,如图所示。

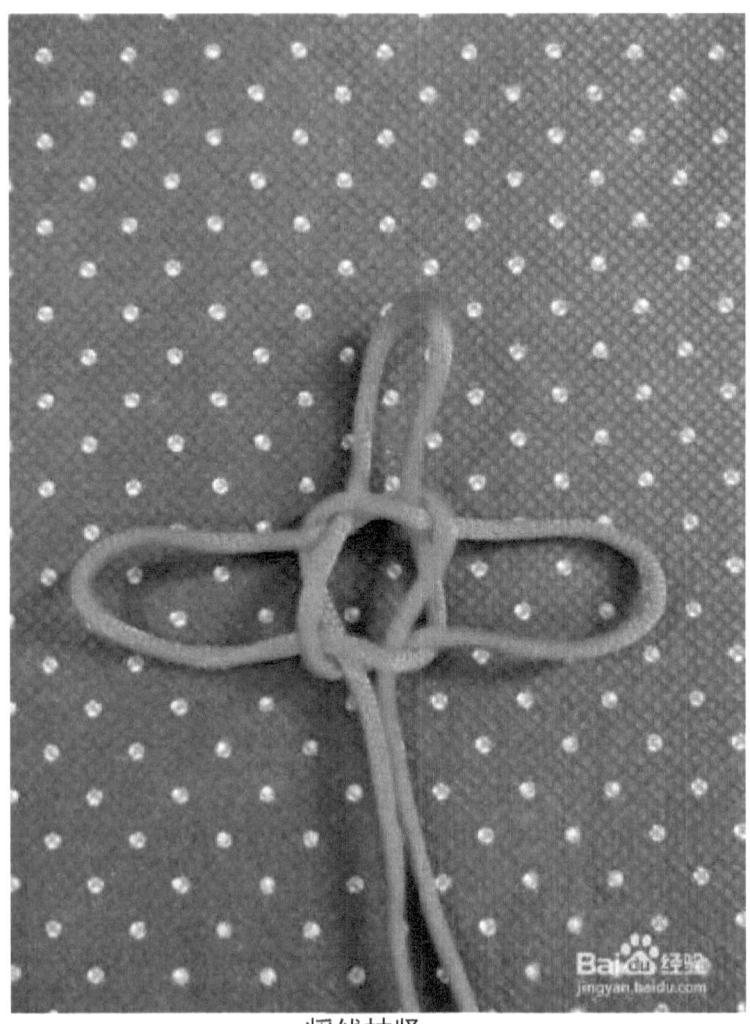

将线拉紧。

注意三个耳朵的位置,调整好。

十字结

十字结是古老的汉族手工编织工艺品，属于中国结的一种。其一面为十字，一面为口字。常用于立体结体中，如鞭炮，十字架等。"十"含有满足的意思，如"十分""十足"。梧结编制完成后，其正面为"十"字，故称"十字结，其背面为方形，故又称方结、四方结。同时，也有称之为成功结或皇冠结的。

要领：

抽拉时要将结头与线头同时均匀施力。

b 从 a 下方穿过，折回。

a 上折，穿过两个环。

上下拉紧。

整理，完成十字结。

酢浆草结

酢浆草是爱尔兰的国花，一般的酢浆草只有三片小叶，偶尔会出现突变的四片小叶个体，称为「幸运草」，传说如果有四片小叶的幸运草就能许愿使愿望成真。

要领：

编时注意线圈之间的线段抽紧，不能松散。

最后调整耳翼大小时，一定先将结体抽紧，然后按住，不能松散。

先向下做一个圈圈，然后固定。

用右边的绳，双线穿入圈圈中形成第二个圈圈（这也是第一个小叶子）再固定。

继续用右绳和刚才的方法一样再次形成一个圈圈（这是第二个小叶子）。

用左绳做，注意现在是要用单绳做的，先穿入刚刚圈圈，然后从前面的圈圈中穿出，再从刚才穿入单绳的圈圈中穿出（这是第三个小叶子）。

将刚刚形成的三个小叶子，慢慢的向外拉、抽紧。

吉祥结

"吉"为美好、有利，如"吉人天相"、"大吉大利"。"祥"则为福、善之意。《易经》上说："变化云为吉事有祥。"可见吉祥二字为颂祝之词，代表着端详、美好、吉祥如意。

吉祥结为十字结之延伸，亦是古老装饰结之一，有吉利祥瑞之意。吉祥结的耳翼恰为七个，故又称"七圈结"。它是中国结中比较受欢迎的一种结饰.编法简易，结形美观，而且变化多端，应用很广。

要领：

若线圈较多，难以控制，容易松散，可借助针线加以固定。

摆好大体的十字状结构，如图所示。

摆好大体的十字状结构，如下图所示。如有珠针，可用珠针定型。

红色就是我们要动的线以及位置，下方的线往右上角摆放。如下图所示。

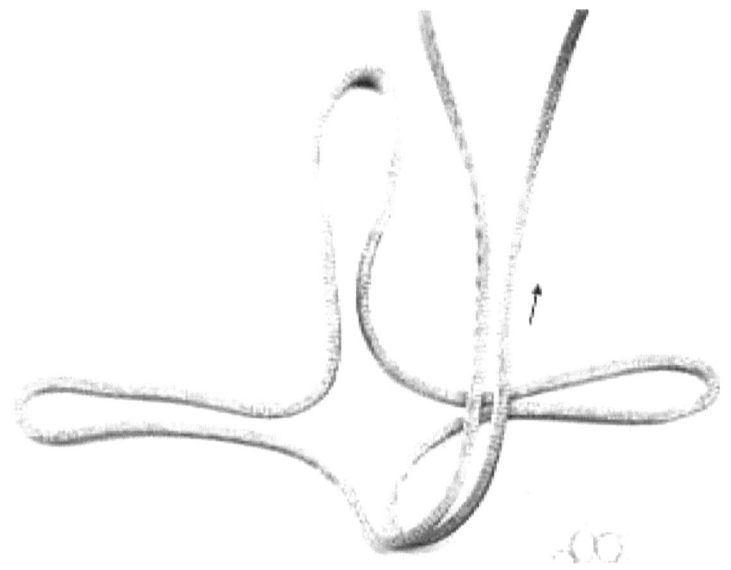

牛曉光中國結作品集

如图所示，把上边和右边的两个角变成如图的样子。

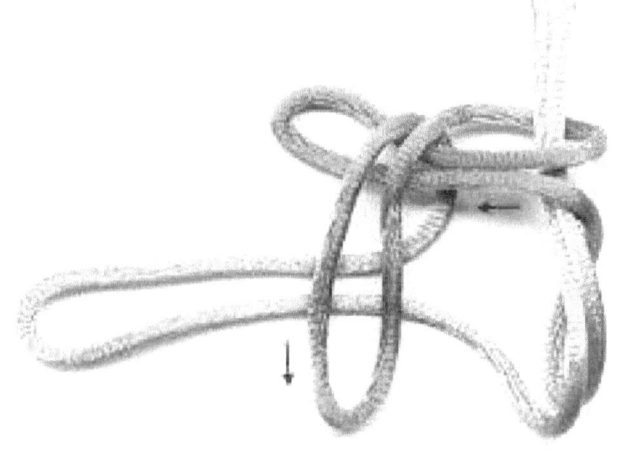

左边的绳子往下方的圈里头穿过，然后拉紧四个角。

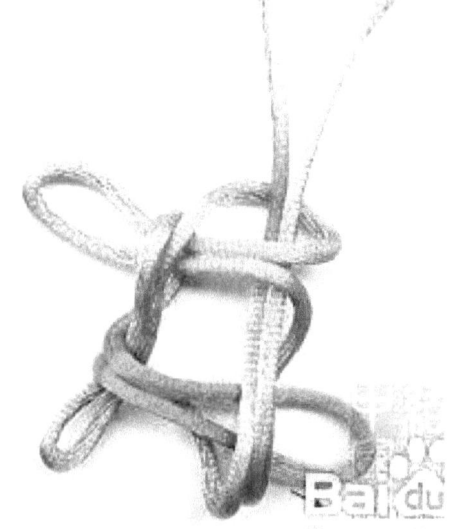

拉紧四个角,成下图样子。

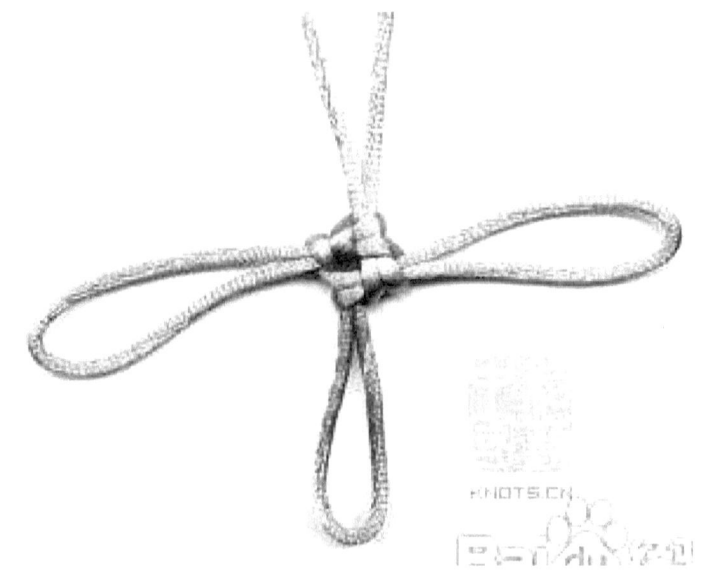

再重复一遍步骤 2 到步骤 5 的动作,就有两个结叠在一起了。

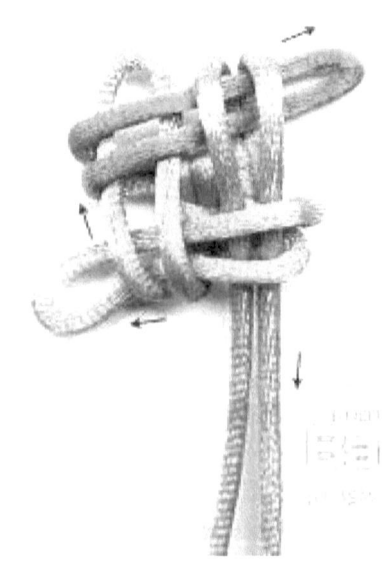

拉紧四个角后就是如下这个图的形状。

对角的地方也拉扯出相应的环状，就编成了一个漂亮的吉祥结了。

纽扣结

"纽"是带的交结之处，同时，结之可解者，亦谓之纽；"扣"则为一种可以钩结的结子；因此，纽扣应是成对，可以解开，可以钩结的。本结即是可当做纽扣之用而得名。

钮扣结是双钱结延伸出来的结体，形如钮扣，不易松散。十分常用，实用性高。最常用以扣紧衣服，故称钮扣结，亦常做为大型结的开头或结尾。也是盘扣的组成之一。 中国古代的服饰中，纽扣不但是为了实用，而且也是一种美丽的装饰。

要领：

抽时应向结端方向边推边抽。

如在抽时把线弄乱，可任选一线段，依次向线头或线端抽拉，使之平展，如此依次抽拉直至结形完整。

下面是纽扣结更详细的分解编法图解：

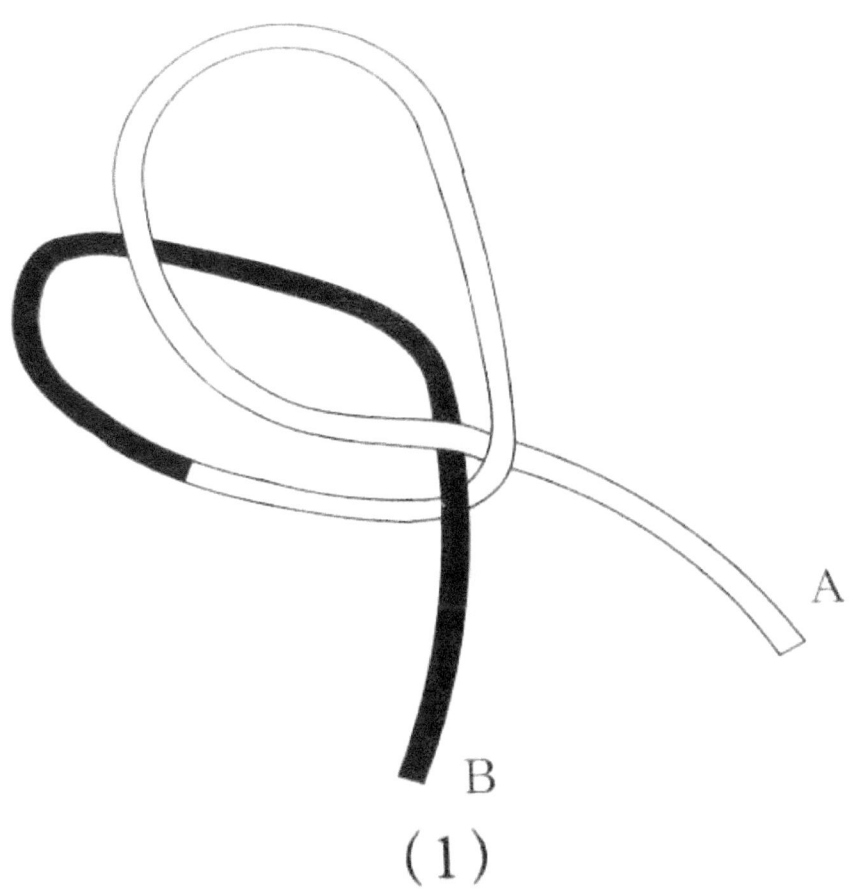

(1)

纽扣结的编法图解一：如图所示，把绳对折后，B 端与 A 端分别做环。

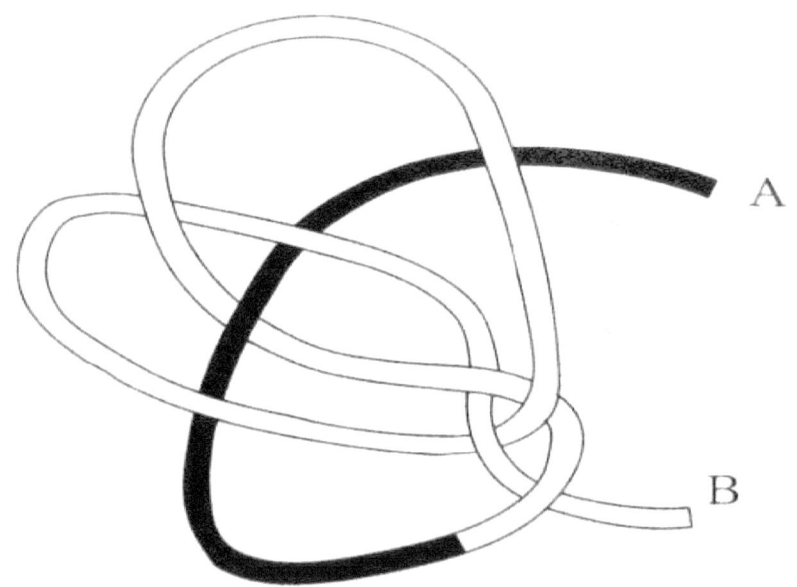

（2）

纽扣结的编法图解二：A 端如图做挑、压动作，穿出。

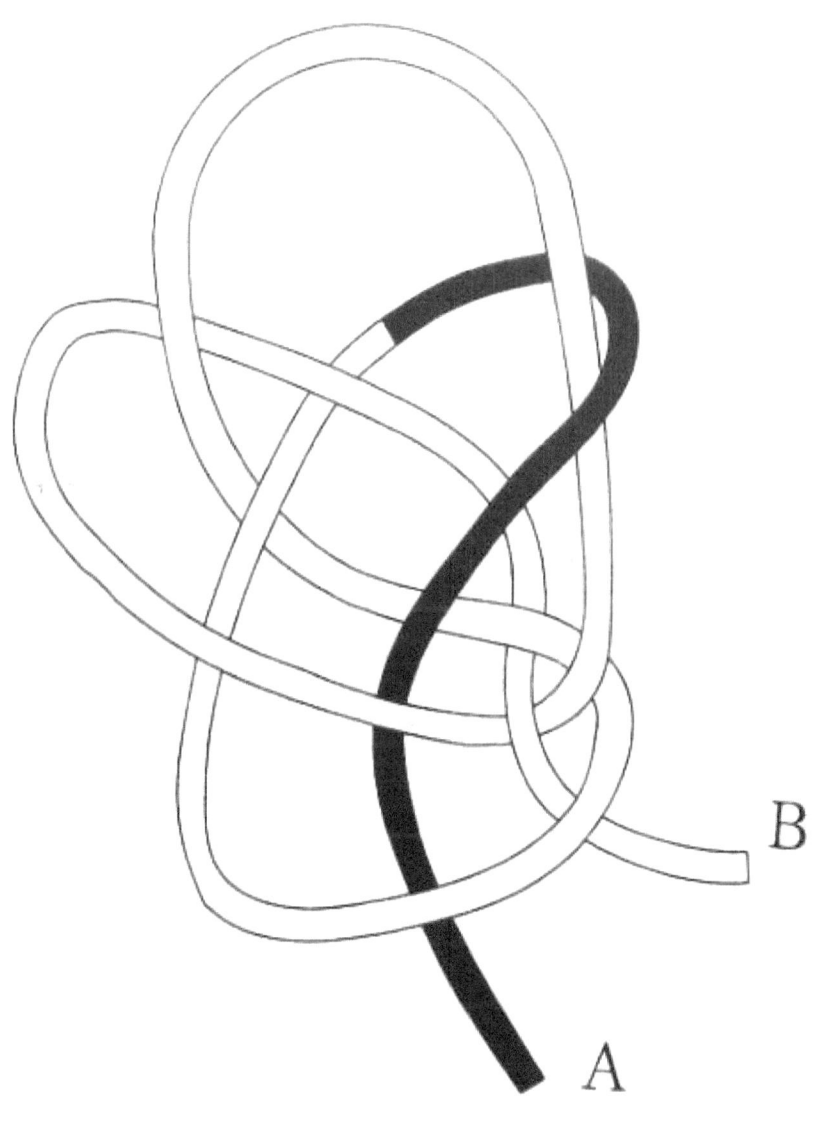

(3)

纽扣结的编法图解三：A端继续做挑、压动作，穿出。

世界非物質文化遺產系列叢書

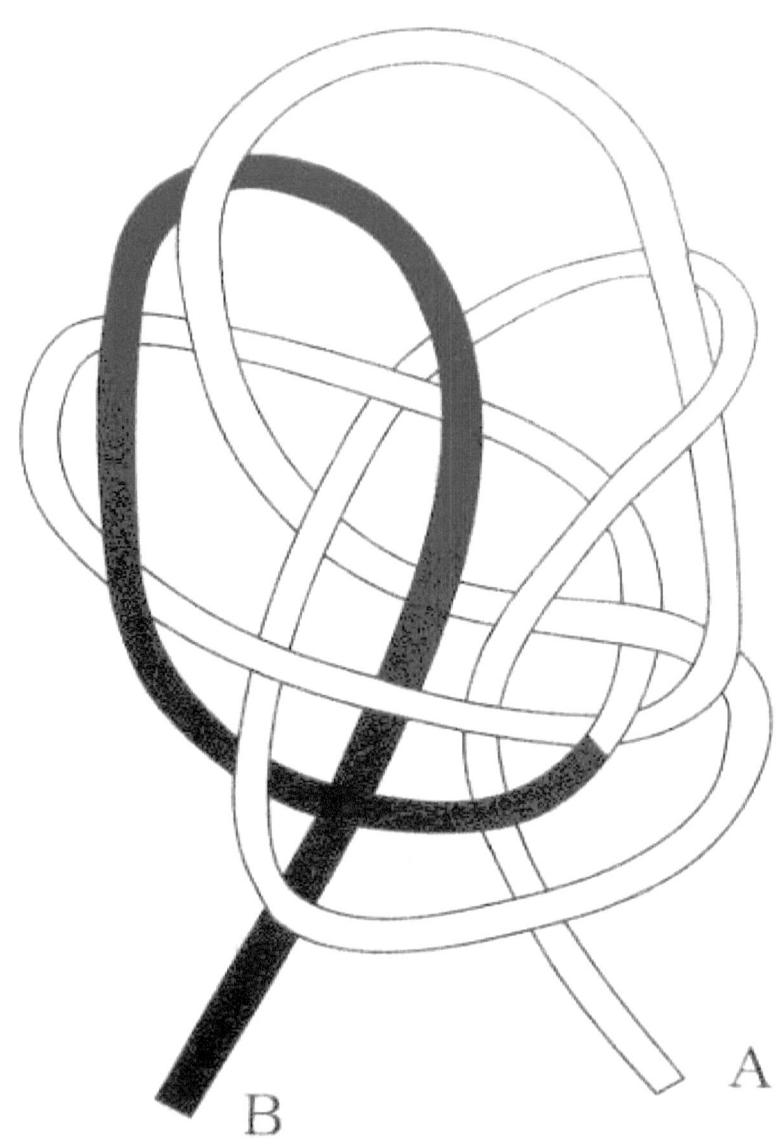

（4）

纽扣结的编法图解四：B 端如图穿环。

(5)

纽扣结的编法图解五：上下两端整形，拉紧，即成。

盘长结

佛门有八宝，又称"八吉祥"。盘长是佛家法物八吉祥之一。

盘长是肠形，象征连绵不继，长寓意长久不断，灭。佛说回环贯彻一切通明之意。盘长象征心物合一、无始无终、永恒不灭的最高境界，代表着八宝的全体，因此受到人们极度重视。

一般人对中国结的印象及称呼，大部分是指盘长结的结体，因为盘长结纹理分明、造型明显，常以单独结体装饰在各种器物上面，只要一眼见到即让人记忆深刻。

盘长结由三环结变化而来，在中国结饰中占有非常重要的地位，结型曲绕优美，结构密实。应用广泛，编制灵活，可大可小，可编成二回、三回、四回等，与其它结组合，可编出蝴蝶结、鲤鱼结等等，用途非常广泛。

要领：

线往上走，每遇内圈第一条线时，从下穿过，遇其他线时，从上穿过。线往下走时，遇到别的线时，线从下面穿过，或从上面穿过，正与线往上走时相反。

抽拉时上下方向与左右方向轮流交替，平均施力，同时抽拉，以免变形。

修整耳翼时，把多余的线由结端依次向线头调整。

盘长结的编法：

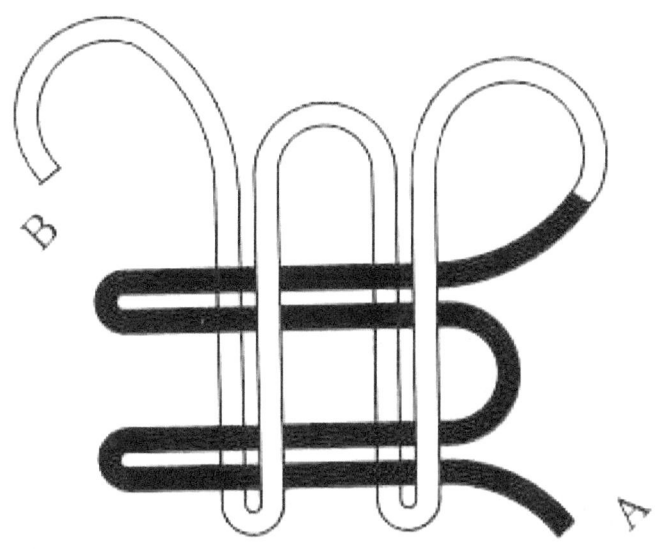

一、如图，A 端做挑、压动作。

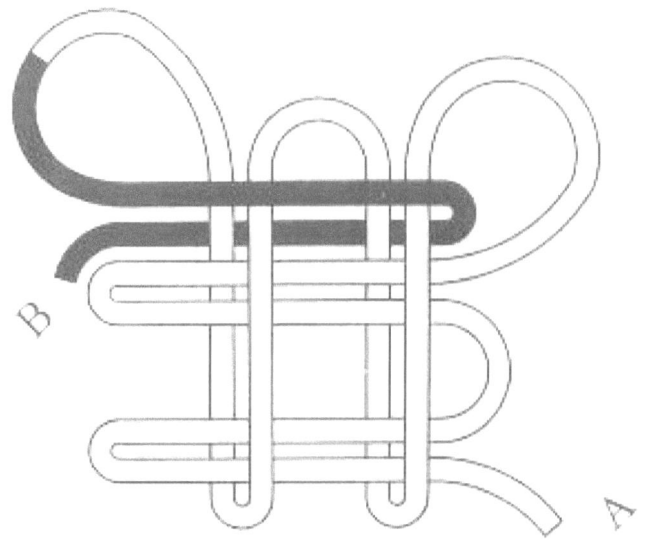

二、如图，B 端做包套动作。

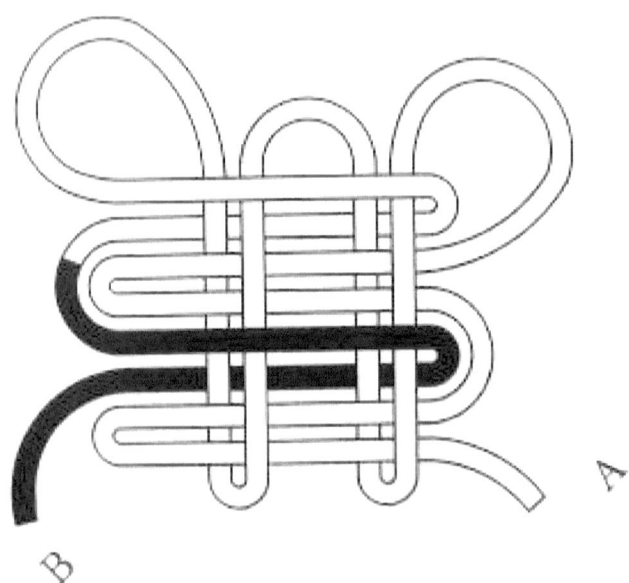

三、B 端继续做包套动作。

四、B 端做挑一压三、挑一压三，挑二压一、
挑三压一、挑一动作，穿出。

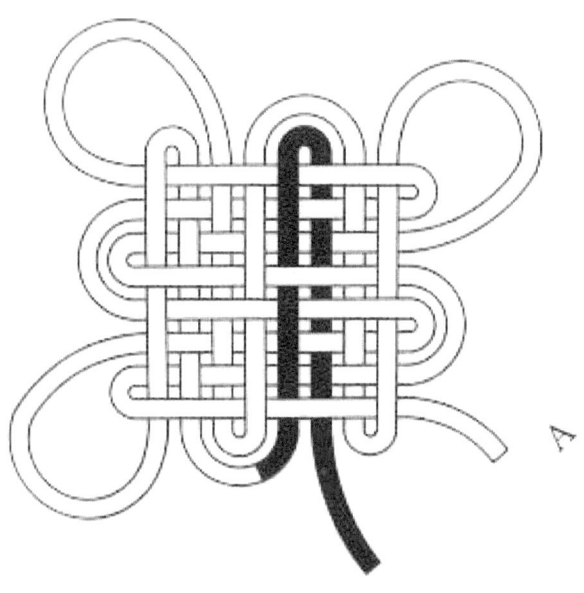

五、B 端重复编法（四），穿出。

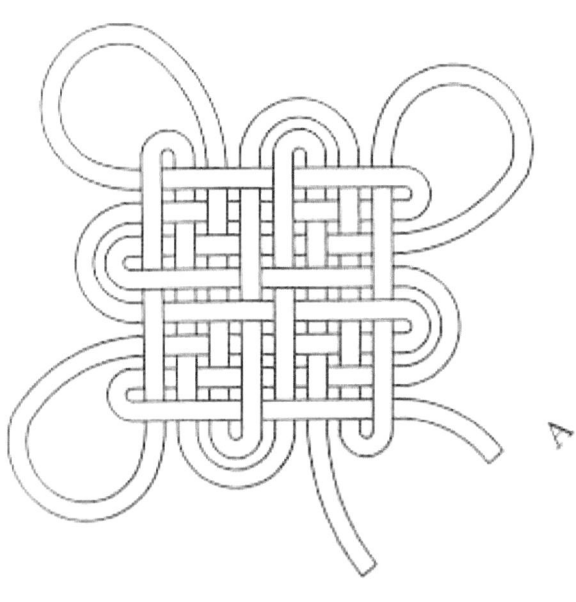

六、拔掉珠针，整形。

七、拉紧，调节。

八、完成。

团锦结

　　团锦结是历史悠久的汉族手工编织工艺技术，属于中国结的基本结之一。结形圆满，变化多端，类似花形，结体虽小但美丽且不易松散，常镶嵌珠石，非常美丽。团锦结的造型美观，自然流露出花团锦簇的喜气，如果再在结心镶上宝石之类的饰物，更显华贵，是一个喜气洋洋、吉庆祥瑞的结饰。团锦结的花瓣可以有五瓣、十瓣等数目的变化。

要领：

　　做线团时，线都是向远离线团方向扭转。

　　编制时可以使用辅助工具加以固定。

　　中国结团锦结的编法图解、团锦结打法教程：

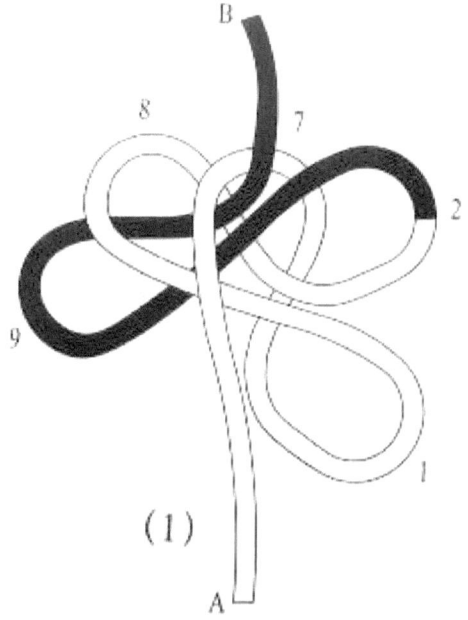

一、将 B 端穿过 7、8 内环,形成外耳 2。

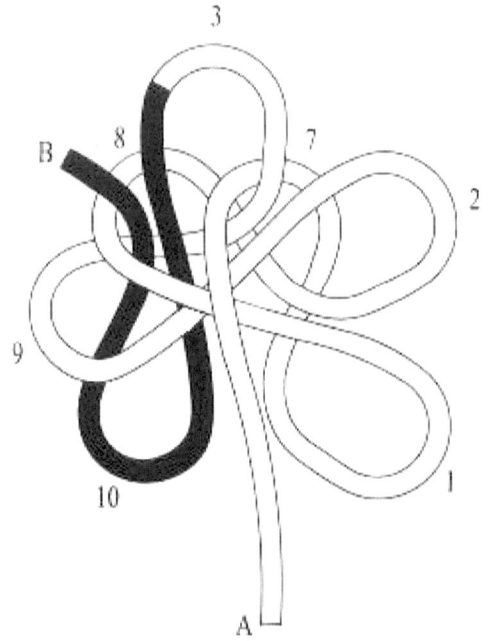

二、将 B 端穿过 8、9 内环，形成外耳 3。

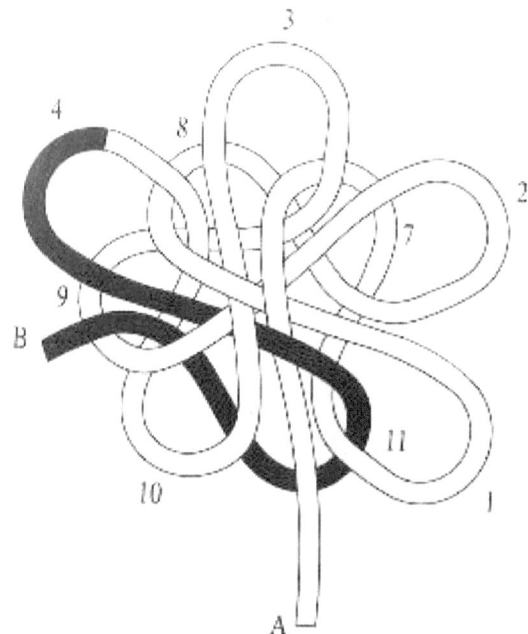

三、将 B 端穿过 9、10 内环,形成外耳 4。

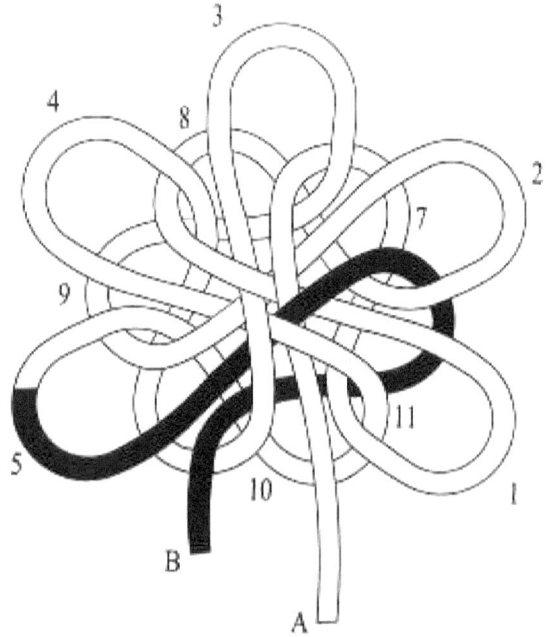

四、将 B 端穿过 10、11 内环，形成外耳 5。

牛曉光中國結作品集

五、整形，拉緊。

藻井结

中国宫殿式建筑，涂画文彩的天花板，谓之"藻井"，又称"绮井"，是一种装饰用的图案，在敦煌壁画中就有许多藻井图案，井然有序，光彩夺目。"藻井结"的结形，其中央似井字，周边为对称的斜纹，因此而得名。藻井结可说是一个装饰结，也可连续数个藻井结编成手镯、项链、腰带，非常结实美观。

要领：

抽拉时应先同时抽拉结端与线头，使结心拉紧，然后再抽耳翼。

连续打四个同方向的单死结。

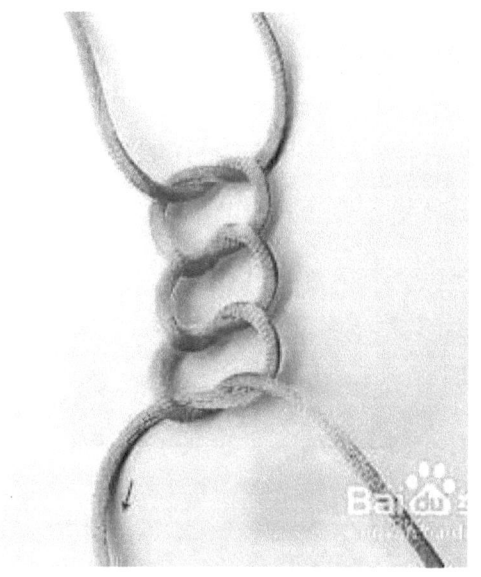

线从两边由上往下穿过单死结的中心。

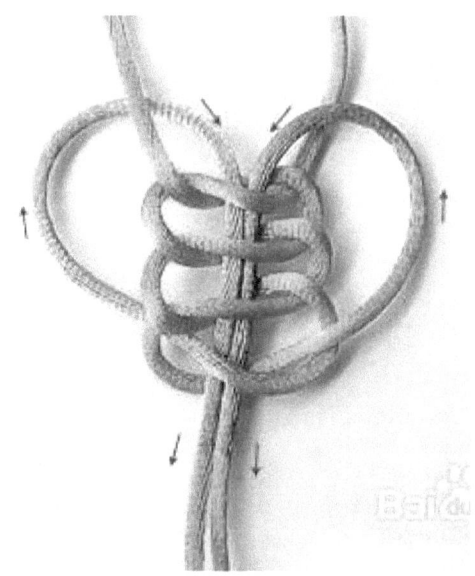

将最下的单死结往上翻到最上面

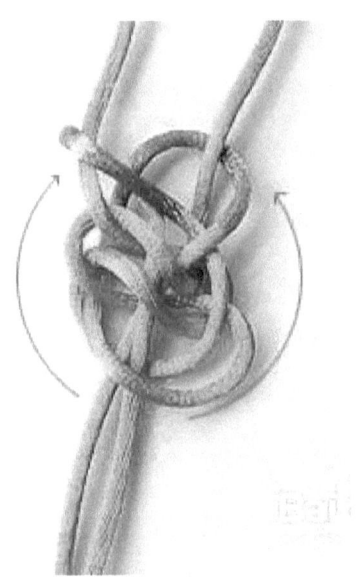

接着把最下的单死结再往上翻一次。

拉紧和 调整后，就编制完成了。

平结

平结,是一种编法简单的绳结,但是因为其可以活动调节的功能,在手链、念珠之类的饰品上使用的非常多。

要领:

抽拉时施力均匀,才能使结形平整。

1、以粉红线为轴编黄(a)蓝(b)色线

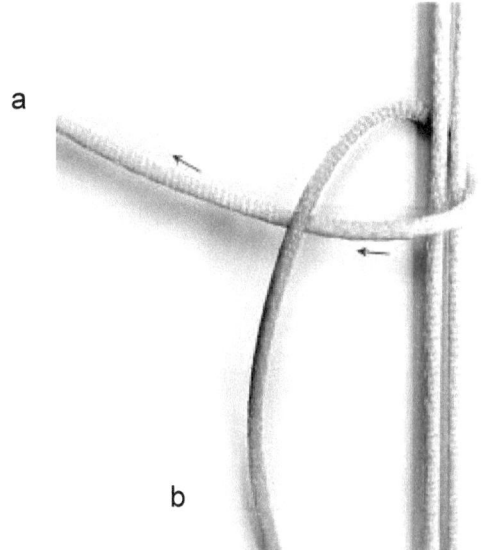

2、黄(a)色线压住蓝(b)色线

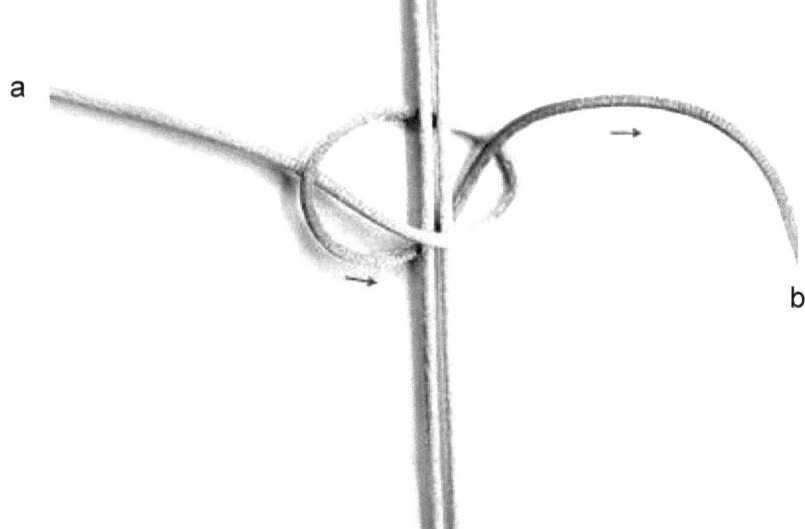

世界非物質文化遺產系列叢書

3、蓝(b)色线在上，黄(a)色线在下

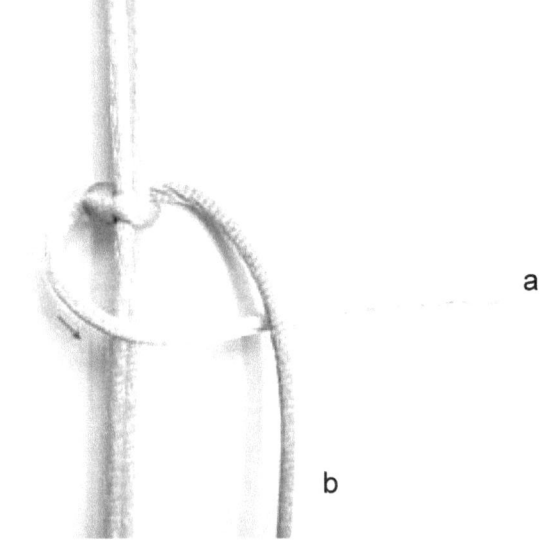

4、黄(a)色线压住蓝(b)色线

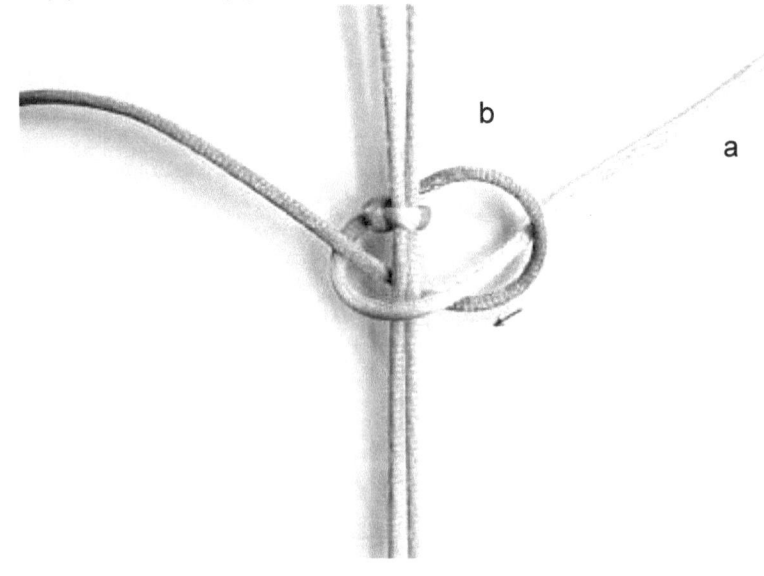

5、与步骤3相反,黄(a)色线在上,蓝(b)色线在下。

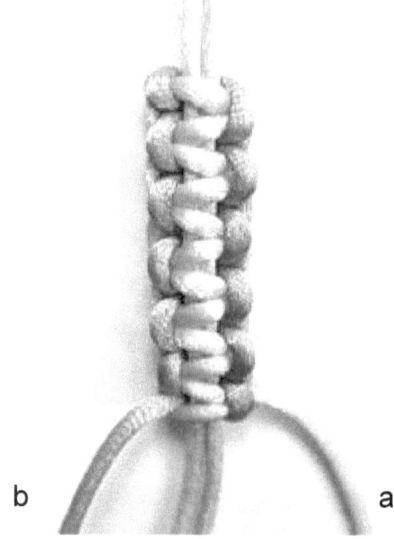

6、拉紧后重复步骤2-5到合适长度

世界非物質文化遺產系列叢書

世界非物質文化遺產系列叢書——牛晓光中国结作品集
World Non-Material Culture Heritage Collection: Xiaoguang Niu's Chinese Knots

作　者 / 世界名人俱乐部（World Celebrity Club）
出版者 / 美商 EHGBooks 微出版公司
发行者 / 美商汉世纪数位文化公司
台湾学人出版网：http://www.TaiwanFellowship.org
印　　刷 / 汉世纪古腾堡®数位出版 POD 云端科技
出版日期 / 2018 年 8 月
总经销 / Amazon.com
台湾销售网 / 三民网络书店：http://www.sanmin.com.tw
　　　　　三民书局复北店
　　　　　地址 / 104 台北市复兴北路 386 号
　　　　　电话 / 02-2500-6600
　　　　　三民书局重南店
　　　　　地址 / 100 台北市重庆南路一段 61 号
　　　　　电话 / 02-2361-7511
　　全省金石网络书店：http://www.kingstone.com.tw
定　　价 / 新台币 300 元（美金 10 元 / 人民币 70 元）

2018 年版權美國登記，未經授權不許翻印全文或部分及翻譯為其他語言或文字。
2018 © United States, Permission required for reproduction, or translation in whole or part.

www.ingramcontent.com/pod-product-compliance
Lightning Source LLC
LaVergne TN
LVHW041544060526
838200LV00037B/1126